AF555260

BONAPARTISME

ET

BONAPARTISTES

PAR

LOUIS HERBETTE

Ancien Rédacteur du *Journal officiel*

PRIX : 60 CENTIMES

PARIS
ANDRÉ SAGNIER, LIBRAIRE-ÉDITEUR
9, rue Vivienne, 9

1875

BONAPARTISME ET BONAPARTISTES

BONAPARTISME

ET

BONAPARTISTES

PAR

LOUIS HERBETTE

Ancien Rédacteur du *Journal officiel*.

PRIX : 60 CENTIMES.

BEAUVAIS

E. LAFFINEUR, IMPRIMEUR-ÉDITEUR, PLACE SAINT-MICHEL.

—

1875

AVANT-PROPOS.

La politique est une bataille qui ne finit jamais ; et jamais un parti n'est tout-à-fait vaincu ; car, anéanti sous une forme, il reparaît sous une autre.

Au lendemain de nos désastres, il semblait que le bonapartisme et les bonapartistes n'existassent plus qu'en souvenir, et qu'il fût vain de justifier, d'expliquer même leur déchéance. Lorsque l'Assemblée nationale déclara l'Empire responsable de l'invasion, de la ruine et du démembrement de la France, elle ne discuta pas, elle vota : ce fut le cri de la conscience publique.

On dit que les vérités évidentes ne se démontrent pas. Encore faut-il garder présentes et renouveler même les impressions et les preuves qui font l'évidence ; car tout s'use avec le temps. Il faut montrer, sans se lasser, que l'Empire n'a pas été frappé par accident mais par les lois de l'histoire, de la politique et de la morale.

Il n'aurait pas duré vingt ans et succombé en un seul jour, s'il n'avait eu tout à la fois de sérieux moyens de succès et des causes profondes de destruction. Ces moyens et ces causes il importe, pour nous en garantir, de les éclairer de toute la lumière qui s'est faite depuis cinq ans sur le régime déchu.

Depuis cinq ans se poursuit une sorte d'enquête universelle sur les malheurs publics, et la société française travaille à la liquidation, à la réparation du passé. Que l'on tienne donc à jour le compte du parti qui voudrait « revenir aux affaires. »

La constitution définitive de la République a jeté ce parti dans une crise décisive : il faut le suivre en ses évolutions.

C'est aux documents et aux faits, c'est aux idées, aux écrits et aux actes des empereurs et des impérialistes que nous demanderons ce qu'est en réalité l'Empire, et ce qu'il serait encore ; quels principes et quelles institutions, quelles mœurs et quelles destinées il implique fatalement.

S'il était certain que sa tradition nécessaire est le césarisme ; sa religion, le culte de la force ; sa politique, un jeu de hasard ; sa morale, l'assouvissement des appétits grossiers, la France le repousserait à toujours ; car, pour sauver sa vie, relever son honneur, refaire sa fortune, reprendre son rang, il lui faut l'amour de l'indépendance et de la liberté, la foi au bien et au devoir, la sagesse, enfin le sacrifice de tout et le dévouement de tous à la patrie.

Louis HERBETTE.

BONAPARTISME ET BONAPARTISTES

Introduction.

SOMMAIRE. — L'Empire, ses principes et ses pratiques. — Empereurs et impérialistes peints par eux-mêmes. — Le temps des enquêtes et l'heure du jugement. — L'état présent du bonapartisme et la mue des bonapartistes. — On demande un plan et des hommes. — Napoléon IV, Empereur éventuel *in partibus*. — Les embarras d'un héritage plébiscitaire. — Plusieurs têtes pour une couronne. — La dynastie défendue par Me Lachaud. — Révélations et lectures édifiantes. — *Erudimini*.

Les bonapartistes n'aiment guère à exposer *ex professo* les principes du bonapartisme, et cette réserve n'est pas justifiée suffisamment, on l'avouera, par timidité ni par modestie.

Ils n'aiment pas non plus à laisser examiner de près la pratique de leur politique ; et c'est ce qu'on peut regretter, sans s'en étonner : la pratique comme la théorie de la force perdent beaucoup à s'expliquer.

C'est pourtant une explication nette que nous comptons obtenir une bonne fois, rien qu'en laissant parler les hommes, les faits et les textes.

***

Il est d'usage et il est d'utilité positive, pour tout parti sérieux, d'avoir des *principes*. Les royalistes en ont, les républicains en ont : il fallait que les impérialistes en eussent. Ne faut-il pas, surtout lorsqu'on veut s'emparer d'un peuple, s'accommoder à ses goûts? Or, l'esprit et le public français sont grands amateurs de systèmes et d'abstractions plus ou moins passionnés : amateurs de logique jusque dans l'absurde et d'art jusque dans la violence.

La force pure, qui suffit quelquefois par elle-même à frapper d'enthousiasme des cerveaux allemands, éveille peu de sympathies parmi nous, qu'elle n'a que trop fait souffrir. Cette force, d'ailleurs, les bonapartistes ne l'ont pas. N'ont-ils pas été battus, cruellement battus, par l'étranger? Ne sont-ils pas réduits, dans leur pays, au rôle d'opposition, sans pouvoir seulement tenter un coup? Il leur importe donc de se munir d'une quantité suffisante de principes, dussent-ils les prendre chez autrui et les rendre assez souples pour se plier à tous les besoins, assez larges pour abriter tous les instincts.

Tout d'abord, il leur importe de s'approprier cette souveraineté nationale qui est, pour employer la langue napoléonienne, « la base de l'édifice moderne. » Il faut à tout prix l'accepter, l'élever même au ciel, ne serait-ce qu'en l'anéantissant sur la terre; car on est évidemment quitte envers un principe quand on l'a reconnu et divinisé. — *Vox populi, vox Dei!* — De plus, ayant perfectionné certain mécanisme non moins souverain et dont les avantages sont incalculables, — le plébiscite, — il faut en fabriquer tout un corps de doctrine. Sur le dogme de l'Appel au peuple, pris comme base, il faut bâtir toute une religion.

Le fondateur de cette religion, Napoléon Ier, qui professait le plus parfait mépris pour les « idéologues, » a peu *théorisé* son propre gouvernement. Mais son neveu, avant d'être son successeur et pour le devenir, a comblé cette lacune : en divers ouvrages, dont le plus monumental est connu sous le nom « d'idées napoléoniennes, » il a écrit « l'Evangile » et créé la tradition de l'Empire.

Dès le début, Louis-Bonaparte était trop — en imagination — l'héritier de son oncle, pour ne pas témoigner le même sentiment que lui à l'égard des « rhéteurs, philosophes et métaphysiciens, » qui cherchent dans la politique autre chose que des faits et des forces, et s'acharnent à déterminer, suivant certaines règles, les rapports des hommes entre eux et les conditions de la vie politique. C'est ce même sentiment qui se trouve chez tous les continuateurs de la doctrine; et les écoles, les générations successives du bonapartisme sont aussi fidèles à la haine profonde de la pensée humaine qu'au culte extérieur de la souveraineté nationale.

De même qu'après Napoléon Ier il était nécessaire de constituer la doctrine napoléonienne, de même après Napoléon III, il est indispensable de la remettre en ordre, à jour et au courant des faits; de procéder au triage des idées et des nombreux principes, de recueillir les moins endommagés et de les tenir en état; de relever enfin la religion pour l'édification des fidèles qu'il s'agit de conserver ou de conquérir ; d'établir l'inventaire et de dresser le bilan, après la banqueroute et avant la reprise des opérations.

Tel est le travail qui s'opère, assez confusément, dans le parti bonapartiste ; et n'est-il pas intéressant de l'observer, à l'heure où l'établissement d'un gouvernement définitif engage les partis à prendre des positions nouvelles en face de la République et des républicains ?

Depuis quelques mois, combien de révélations ont été apportées par les événements politiques, par les documents publiés, les discussions de la presse et de l'Assemblée, par les actes et les déclarations de l'Appel au peuple, par les luttes électorales et surtout par l'enquête sur les menées bonapartistes !

N'est-ce pas là que sont apparus à tous les yeux la tactique et les moyens d'action sur les diverses « classes » de la nation ; la propagande parmi les ouvriers et les paysans, dans l'administration et l'armée ; l'embauchage des hommes de la Commune ; l'organisation des comités et sociétés, des manifestations et pèlerinages, — sans parler des liasses de brochures, journaux, pétitions, adresses, lettres, notes, listes, indications et pièces de toute nature? Que d'enseignements à recueillir!

***

Un point n'a pas suffisamment d'abord appelé l'attention, dans l'évolution actuelle du bonapartisme : c'est le rôle, l'entrée en scène du « parti des jeunes. » L'Empire n'ayant guère fait d'hommes tandis qu'il durait, est contraint, sous peine de s'éteindre, à chercher des recrues, des conscrits même pour le relever après sa chute. N'ayant pu se rajeunir avant, il faut bien qu'il se renouvelle après sa mésaventure.

Il ne nous appartient pas de décider si ce renouvellement peut être envisagé comme une régénération, et si les « jeunes » sont, de quelque façon, en progrès sur les anciens. Mais nous devons constater que les « jeunes » n'admirent et ne ménagent pas toujours « les vieux, » et que, pour les rapprocher les uns des autres, les générations intermédiaires font défaut. L'Empire manque d'hommes dans la force de l'âge.

Le personnel primitif, les compagnons de Napoléon III, les membres fondateurs de la société impériale disparaissent un à un, et ne peuvent être remplacés par les partisans du fils, les amis d'aujourd'hui, de demain surtout, si l'on pouvait espérer mieux de demain que d'aujourd'hui.

Le vieil Empire se trouve représenté par M. Rouher, qui « est bien usé, » disent ses défenseurs, et que menace toujours quelque révolte ou quelque disgrâce. Le jeune Empire ne peut se personnifier que dans le prince impérial, qui n'a pas vingt ans. L'Empire mûr, ce ne serait guère — nous le disons avec horreur, bien entendu, — que le prince Jérôme Napoléon. Mais nous écartons ici celui qui n'est pas « l'Empire légitime, » paraît-il, et que peu de bonapartistes se soucient de proclamer pape de leur Eglise.

« Si l'Empire revenait avec Napoléon IV, écrivait en avril 1874 l'ambassadeur d'Allemagne à Paris, il ne pourrait s'appuyer sur les anciens serviteurs de l'Empire. L'Empire serait forcé d'avoir recours à de nouveaux soutiens (1). »

Le retour de l'Empire étant donc, à tout le moins, retardé pour longtemps, — MM. les bonapartistes l'avouent tout bas, et c'est ce

(1) Voir les pièces publiées dans le procès du comte d'Arnim, en décembre 1874.

qui refroidit le zèle des partisans pressés de « savoir à quoi s'en tenir, » — il n'y a que plus d'intérêt à envisager quels soutiens nouveaux le bonapartisme doit tenter d'acquérir par sa doctrine et sa politique.

— Mais, direz-vous, s'il est nécessaire de déterminer l'état présent du système impérial, ne fût-ce que pour donner le ton aux programmes, discours, adresses, publications et boniments divers à l'usage du bon peuple de France, comment le prince impérial, chef majeur de la dynastie, ne prend-il pas la parole ou la plume, comme autrefois son père?

— Hélas! il n'a pas vingt ans. Il a fallu laisser venir, voir venir les années et les événements. La République n'était pas définitive il y a deux mois; le bonapartisme était, comme le gouvernement, dans une période de transition; parler était plus gênant encore que se taire. Ajoutez que le prince n'est pas libre comme l'était son père, qui aspirait au pouvoir sous une forme quelconque. On l'a nommé Napoléon IV, comme on disait autrefois Napoléon II; il est empereur *in partibus*, élu présomptif du suffrage universel, représentant d'une bizarre espèce de légitimité, qui n'est ni celle du droit divin, puisque la Révolution l'a supprimée, ni celle du droit populaire, puisque le fils de Napoléon III n'a pas été, comme tel, élu par le peuple. Situation fausse que son cher cousin, Jérôme-Na oléon, exploite contre lui, qui lui interdit toute allure, tout langage franc, et qui l'oblige à se réfugier dans une phraséologie vague lorsqu'il ne peut garder le silence.

Supposez, en effet, qu'il obtienne, par malheur, le plébiscite tant désiré, et que la République ait la fantaisie de faire ratifier sa Constitution par le suffrage universel. Nul doute que le vote ne fût affirmatif. Et que serait alors le prince impérial avec son fantôme de pseudo-légitimité impériale ? Il n'est pas jusqu'à ce titre de « prince impérial » qui ne soit embarrassant. On l'appelle « Son Altesse; » pourquoi pas « Sa Majesté, » comme est appelé le comte de Chambord par son entourage ? Le comte de Chambord reste vraiment le roy, en vertu de son droit propre, qui n'existe plus pour la France, mais qui subsiste pour lui. Le prince impérial n'est pas l'empereur, et n'est pas empereur; il ne l'a jamais été; son droit éventuel et hypothétique n'émane pas de lui, mais du peuple ; ce droit n'est pas né, il peut ne jamais naître.

Ah! il y aurait un moyen, un seul, de sortir de là : ce serait de « sortir de la légalité, » comme en 1851 ; ce serait un coup de force, qui, ramenant le prince auprès du peuple ou le peuple aux pieds du prince, réunirait l'objet et le sujet du droit prétendu. Mais la première condition, pour abuser du pouvoir, serait de le tenir ; et, pour être sûr de la réponse du peuple, de lui poser la question, ce qui est impossible. On peut tourner indéfiniment dans ce cercle vicieux.

Rassurez-vous, cependant. Que la République s'affermisse, et le prince quittera, sans doute, son immobilité ; — surtout si son cher cousin s'applique, comme il est probable, à s'attribuer le seul rôle profitable en l'état de choses, celui de prétendant simple et direct aux suffrages du peuple. Alors, Napoléon IV ne sera plus réduit à prononcer des allocutions soigneusement privées de sens, des discours du trône, — sans trône.

Il se souviendra des idées que son père, étant encore Louis Bonaparte, jeta au travers des questions politiques et des questions sociales, et qui ne l'empêchèrent pas de revenir ensuite à la politique pratique. Napoléon III est parvenu au pouvoir malgré son bagage, qui l'avait fait, non pas admirer, mais remarquer. Le public est si indulgent pour les princes, qu'il semble toujours agréablement surpris lorsqu'un d'eux fait preuve d'idées quelconques, tout comme un homme. D'ailleurs, ainsi que nous le montrerons, « les idées » de Napoléon III sont tout le fond du régime impérial et même du néo-bonapartisme.

***

Il n'est pas jusqu'aux communistes, — nous devrions dire jusqu'aux communards, — acquis ou ralliés à M. Rouher, qui ne revendiquent formellement « l'idée napoléonienne, » (1) telle qu'elle a été formulée dans les Œuvres de Louis Bonaparte.

C'est elle encore qui s'affirme dans les ouvrages de deux bonapartistes « jeunes » : celui de M. Albert Duruy, fièrement intitulé : *Comment les Empires reviennent*; celui de

(1) Voir les lettres citées par M. le Préfet de Police dans sa déposition devant la Commission d'enquête sur l'élection de la Nièvre.

M. G. Lachaud, crânement baptisé : *Essais sur la Dictature*, dont le premier volume a récemment paru, et dont nous nous occuperons particulièrement.

Qu'ils le veuillent et qu'ils le sachent ou non, les « jeunes » n'imaginent rien de neuf, ils continuent logiquement, avec préméditation ou par instinct, l'Evangile de la dynastie.

M. Lachaud, fils du défenseur de M. Bazaine et de tant d'autres personnages moins illustres, est impérialiste très-convaincu et très-actif, comme son père ; et nous ne voyons en cela rien que d'honorable pour tous deux, puisqu'ils conservent dans la mauvaise fortune les opinions qu'ils professaient en d'autres temps. Le parti dans lequel M. Lachaud joue un rôle n'a pas marchandé les éloges à son livre, bien qu'il en ait regretté peut-être la publication. Constatons encore, pour être juste, que l'auteur a le style facile comme la parole ; ses expressions, ses traits et chocs de mots produisent tout l'effet qu'il pouvait désirer ; et nous nous félicitons que la forme révèle si clairement le fond.

Comme c'est le seul livre de doctrine impériale qui ait été composé depuis longtemps, on nous permettra de le prendre comme occasion de rapprochements instructifs. Peut-être saisira-t-on mieux ainsi le lien étroit qui enchaîne entre elles toutes les théories et les pratiques de l'Empire, théories et pratiques qu'il ne dépend pas de lui de rejeter et sans lesquelles il ne serait plus rien.

Enfin, M. Lachaud, qui est mêlé à la plus haute société bonapartiste, découvre non pas seulement le but avouable, mais les procédés inavoués de son parti, ses mœurs et ses pensées intimes. Il met à nu hommes et choses, appelant sinon les hommes, du moins les choses par leur nom ; et, certes, il en est dont le nom est scabreux. Réaliste raffiné, il peint tout ce qu'il voit, décrit tout ce qu'il touche, fouillant de l'œil et du doigt les points les plus obscurs et les coins les plus malpropres. C'est donc un reflet de ce milieu, c'est l'écho de ces conciliabules, le fin mot du système, le spectacle des coulisses, la vie des acteurs, le dessous des cartes, la religion des initiés qu'on nous présente. Ce sont les secrets de la maison racontés par un enfant terrible. Ils compléteront d'autres genres de révélation.

Rassemblant ainsi les divers éléments du bonapartisme, étudions-les, non pour nous indigner, ce qui est inutile, ni pour les réfuter en règle, — ce qui serait superflu, mais pour nous édifier et nous prémunir.

La Religion napoléonienne.

SOMMAIRE. — La force c'est le droit. — L'Evangile napoléonien. — Les Césars-Messies. — Le dogme de l'incarnation du peuple en un homme. — *Vox populi, vox Dei !* — L'Appel au peuple ; histoire des variations. — Le bon pasteur, les brebis et les chiens. — Les plébiscites et l'œuvre de la Providence. — Le miracle des urnes. — La religion de la force.

La Force ; ce mot résume l'histoire et la doctrine, la politique et le régime de l'Empire.

Les impérialistes sont tellement asservis à la force, qu'ils la glorifient encore lorsqu'elle se tourne contre eux. En face d'une majorité toute-puissante qui les a légalement frappés de déchéance, et d'un gouvernement régulier qui s'est définitivement constitué contre eux, c'est encore à la force qu'ils ont fait appel.

Fouillez les livres et les journaux, les manifestes et les discours, les projets avoués ou cachés des bonapartistes de toute classe et de toute école, vous y trouverez l'apologie des coups d'Etat, qui sont des coups de force ; le rêve de la dictature, qui est le règne de la force ; la prédication des plébiscites, destinés à légitimer la force par l'apparente consécration du droit.

Un tel système entraîne de si rigoureuses conséquences, il détermine si fatalement le caractère de l'Empire, des institutions et des mœurs qui l'accompagnent, enfin sa destinée propre et celle de la nation qui s'abandonnerait à lui, qu'il importe ici de faire pleine lumière.

***

Le système est peint au vif dans l'*Essai sur la dictature*. Nous y apprenons que « la loi de la démocratie, c'est la suprématie de la force, la force dont on a dit faussement qu'elle primait le droit, tandis qu'elle est le droit lui-même ; » et voilà, d'un mot, la conquête et la politique prussienne justifiées, taxées même de modération.

Nous apprenons aussi que l'écrasement des individus par la masse « est fondé en raison, et s'explique par les rapports indestructibles de la faiblesse et de la force ; » qu'il est « impie » de résister aux « fantaisies de la masse, et que toute « indépendance est criminelle ; » que « la liberté la meilleure, nous devrions dire la seule qui existe en dehors de l'anarchie, est celle de choisir son maître et de pouvoir le renverser ; » enfin « que la justice, c'est la notion de l'égalité, » qui n'a rien d'incompatible avec le despotisme asiatique.

En trois mots : le droit, c'est la force ; la liberté, c'est la servitude ; la justice, c'est le nivellement sous l'arbitraire.

Conclusion : Le meilleur des gouvernements, c'est la dictature.

Sans doute, la souveraineté appartient au peuple, et c'est même le seul principe de 89 qui mérite de subsister ; mais à cette condition que le peuple abdiquera par plébiscite aux mains d'un homme. Ainsi se dégage ce quatrième axiome : la souveraineté du peuple, c'est la souveraineté d'un homme.

— Bon ! dites-vous, ce n'est là qu'une fantaisie personnelle à l'auteur.

— Non pas ; c'est la pure tradition impériale. En voulez-vous la preuve?

***

Parcourez la collection des œuvres, actes et discours de Napoléon III (1).

Que vous démontre d'abord le livre d'or de la dynastie, *les Idées napoléoniennes?* — Que Napoléon Ier « fut conduit pas à pas, par la force des choses, » étant « un de ces êtres providentiels dont la mission est tellement tracée d'avance, qu'une force invincible semble les obliger à l'accomplir ; » qu'il n'a succombé que par la faute « des événements qui se sont pressés avec trop de rapidité, de la fatalité et des éléments qui se sont ligués contre lui. » Bref, ce fut « l'arrêt du sort. »

Feuilletez l'histoire de César et les discours du trône. Les destinées, la force des choses, y jouent un rôle égal à celui de la mission providentielle et du pouvoir fort. La force, c'est la Providence. César, Napoléon renversant les lois, est le sauveur ; la nation qui défendrait ces lois « crucifierait son Messie, » mais l'idée ressusciterait, « imitant un exemple divin. »

Ajoutez, telles qu'elles s'étalent en vingt

(1) *OEuvres complètes de Napoléon III*, quatre volumes, chez Plon et Amyot, éditeurs, Paris, 1855; — *Discours du Trône*, chez Huriot, éditeur, Paris, 1869; — *Histoire de César*, par Napoléon III, Paris, 1862.

écrits de Napoléon III, la théorie du progrès fatal, et la morale du succès, puis cette éternelle assimilation des sociétés humaines à une matière brute qu'il s'agit d'organiser. — Organiser la démocratie, le travail, l'industrie, « les 25 millions de prolétaires, » l'extinction du paupérisme, la traite des nègres, les races latines, le Mexique, l'Europe, le monde moderne, le suffrage universel, les élections, l'appel au peuple.... Organiser, organisme, organisation, tout est là!

Ajoutez enfin cette poignée de maximes : « Les hommes sont ce que les institutions les font. » — « Tous les gouvernements ont été bons, puisqu'ils ont duré. » — « Le droit et la force des choses de ce monde se calculent d'après leur durée. »

Comprenez-vous, dès lors, pourquoi s'impose la souveraineté du peuple? C'est que le peuple donne la force. M. Amigues, agent général du bonapartisme, genre communard, ne raconte-t-il pas, dans son journal, l'*Espérance nationale*, que Napoléon III lui dit à

Chislehurst, au sujet des insurgés : « L'Empire ne peut rien négliger, rien dédaigner du peuple ; s'il n'a point le peuple, il n'a point la force ; car n'ayant point le peuple, il ne peut avoir l'armée, puisque l'armée sort du peuple. » Aussi M. Amigues persistait-il à rallier tout spécialement « les Vengeurs de Flourens, » déclarant qu'il était ainsi dans le vrai bonapartisme (1).

Que servirait à un prince de crier, comme les anciens rois, qu'il n'entend tenir son pouvoir que de Dieu ? En admettant que Dieu le lui donne, le peuple ne le briserait pas moins à la première occasion. Mieux vaut donc placer directement dans le peuple l'origine de la légitimité. Tout l'art sera de se saisir de lui, comme en 1851, c'est-à-dire d'être fort, et ensuite de durer. Réussissez : la Providence et le peuple sont à vous ; la force et le droit s'identifient.

Il y a plus de trente ans que Louis Bonaparte écrivait : « Il faut accepter franchement le principe de la souveraineté du peuple ; » en ajoutant : « Il faut discipliner les masses, enrégimenter la nation. »

(1) Voir Déposition de M. le Préfet de Police dans l'enquête sur l'élection de la Nièvre.

A ses yeux, Napoléon Ier est « le premier organisateur de la démocratie française ; — Empereur plébéien et roi du peuple. » (*Idées napoléoniennes.*) Une nation est donc souveraine quand elle choisit son maître ; et nous voici ramenés à l'axiome ci-dessus : la souveraineté du peuple, c'est la souveraineté d'un homme.

Aussi, M. Amigues s'écriera-t-il, dans son journal, que l'Empire est « l'incarnation de l'idée nationale, appliquée par une volonté et par une main. » Aussi, proclamera-t-il, dans ses *Aveux d'un conspirateur* (1), « qu'il n'est pas d'honnête homme ou de bon citoyen qui tienne, s'il ne commence par accepter cette servitude de chacun vis-à-vis de tous, de l'individu envers la société, du caprice humain envers la volonté de Dieu qui s'exprime par la voix du peuple. »

Que M. Lachaud appelle cela le triomphe de la majorité, c'est pure modestie. Majorité suppose pluralité d'intelligences, et diversité d'opinions. Or, il ne faut ici qu'un cerveau pour mouvoir des milliers de bras, et il suffit que ces bras sachent mettre un bout de papier dans une boîte.

(1) Paris, 1874, chez Lachaud et Burdin, éditeurs.

Quoi de plus simple que les communards embauchés par M. Amigues prennent pour devise : « Place au peuple ! » Que M. Amigues lui-même ait inscrit en tête de sa feuille : « Qu'est-ce que le peuple ? — Rien. — Que doit-il être ? — Tout. » — Tout ou rien, n'est ici que pour l'antithèse ; mais la synthèse serait fort juste ; et M. Amigues pourrait, sans être inconséquent, proclamer que le peuple doit être tout et rien ; c'est là l'idéal.

« — Tout pour le peuple et par le peuple ; » telle est encore la devise du prince impérial ; et récemment, certain comité d'anciens officiers se déclarait prêt, dans une adresse, à soutenir « énergiquement cette devise (1). » — « Tout pour le peuple et rien par le peuple » eût été pourtant plus exact, puisqu'il s'agit de faire abdiquer ce peuple.

Appel au peuple ! c'est l'étiquette du parti bonapartiste, le mot d'ordre et de ralliement universel, le point de jonction de la Commune avec l'Empire. Sans doute, il se rencontre des naïfs qui demandent, lorsqu'on les embauche, si l'appel au peuple ne pourrait ra-

(1) Déposition de M. le Préfet de Police dans l'enquête sur l'élection de la Nièvre.

tifier une forme non autoritaire de République (1).

M. Amigues les rappelle à l'ordre. Il répète qu'il n'est pas « d'autre arbitre hormis Dieu que le peuple, par qui Dieu parle, absout, réconcilie. » (*Aveux d un conspirateur.*) Mais il est convenu que le peuple n'a qu'un mot à dire : NAPOLÉON.

Eh bien ! nous pardonnera-t-on cet aveu? Tant d'efforts de doctrine ne nous semblent pas valoir, pour le système, cette simple et historique allocution du sous-préfet de Saint-Sulpice (Tarn) à ses administrés en 1869 : « Les hommes sont des moutons ; il leur faut un berger ; ce berger, c'est l'empereur. Mais le berger a besoin de chiens pour ramener au troupeau ceux qui s'en égarent ; votez donc pour le candidat officiel. »

L'acceptation du berger, c'est le plébiscite ; l'acceptation des chiens, ce sont les élections législatives. En deux traits, voilà toute la souveraineté du troupeau, — nous voulons dire du peuple.

***

Des esprits chagrins se rappelleront peut-

(1) Déposition de M. le Préfet de Police dans l'enquête sur l'élection de la Nièvre.

être que M. E. Ollivier, auteur du plébiscite de 1870, disait, avant de le faire : « Tout ce fracas est inutile ; il est temps de renoncer aux mises en scène théâtrales » (*le* 19 *Janvier* (1) ; — que le prince Jérôme Napoléon disait au Sénat, le 1er septembre 1869 : « Je n'approuve pas le plébiscite ; il n'a que l'apparence de la démocratie ; » — enfin, que Napoléon III, qui a d'ailleurs combattu le suffrage universel, dans son *Système électoral*, repoussait avec véhémence « le vote direct du peuple en masse. »

Bien mieux, que réclamait-il dans ses proclamations, lorsqu'il tenta les deux expéditions fameuses, dont l'une se termina si brusquement dans la cour d'une caserne à Strasbourg, et dont l'autre tomba si malheureusement dans l'eau à Boulogne ? — Un plébiscite ? non pas, mais la réunion d'un *congrès national*, ce qui était la condamnation formelle des plébiscites consultatifs (2).

Ce sont là de simples anomalies.

(1) *Le 19 Janvier*, compte-rendu aux électeurs, par M. E. Ollivier, chez Lacroix, éditeur, Paris, 1869.

(2) *Histoire complète et authentique de Louis-Napoléon Bonaparte*, estampillée par le ministère de la police générale, chez Morel, éditeur, Paris, 1852.

Il fut un temps où Louis Bonaparte se proclamait « républicain de cœur. » Mais la religion napoléonienne s'est fixée depuis lors, et son dogme immuable, que célèbrent encore la « société des douze apôtres (1) » et les autres églises bonapartistes, c'est le dogme de l'homme-peuple. — Le Christ n'était qu'homme-Dieu.

Assurément, il ne manque pas de républicains pour accepter l'appel au peuple, transformant ce mystère en un acte de raison, en une règle de sagesse politique.

Ceux-là prétendent que le droit du peuple est d'être interrogé de façon à faire une réponse sérieuse. Aussi patronnent-ils le genre de plébiscite dit ratificatif, et servant à consacrer les constitutions rédigées par nos représentants. Mais ce sacrement temporel qui s'ajoute à la loi des lois, cette confirmation, cette investiture solennelle donnée au gouvernement, cet appel aux électeurs pour ratifier l'œuvre de leurs élus, ce symbole suprême de la souveraineté nationale peuvent-ils satisfaire les impérialistes? Ah! ils sont plus exigeants.

(1) Déposition de M. le Préfet de Police dans l'enquête sur l'élection de la Nièvre.

Ce n'est pas sur un fait ou sur un système de gouvernement connu, c'est sur une idée en l'air ou sur le seul nom du chef, qu'ils obligent le peuple à se prononcer. Ce n'est pas une réalité tangible, c'est une forme vide qu'ils lui présentent; ce n'est pas sur ce qu'il sait, c'est sur ce qu'il ignore qu'ils le consultent; car c'est vraiment ainsi que l'esprit saint peut se manifester avec toute efficacité. *Vox populi, vox Dei!* Le vrai miracle, c'est de tirer d'un scrutin ce que nul n'y a mis, ce que nul n'y a vu.

Faire signer un contrat à la nation! Fi donc! Parlez-nous d'un blanc-seing! D'ailleurs, si la question est vague, les effets de la réponse dissiperont les doutes. — « Français! s'écrie un vrai plébisciteur, choisissez entre moi et le néant. » Et les Français, inspirés d'en haut, choisissent le plébisciteur, qui a droit de s'écrier : « C'était écrit! »

Interroger les gens en laissant la réponse douteuse! Où donc serait la voix, le doigt de la Providence? Ne faut-il pas qu'ils sortent de l'urne? Toute l'affaire est de préparer le plébiscite, afin que l'issue en soit certaine. L'appel au peuple doit être précédé d'un appel à la force; et la force reparaît toujours comme la base universelle des lois divines et humaines.

Reconnaissez-vous enfin pourquoi Napoléon III ne cesse de comparer les élus du peuple à la divinité ; pourquoi la moindre épithète, le moindre synonyme dont il les gratifie est celui de « phares lumineux ? » La théorie de la force et de la fatalité est plus que la loi de l'histoire et le fondement de la politique ; c'est une philosophie, c'est la religion même de l'Empire.

Quelle destinée cette religion devait-elle et doit-elle faire à l'homme qui la représente, au gouvernement qui la professe, au peuple qui la subit, c'est ce que l'histoire ne nous dit que trop haut.

L'Empire et ses Destinées.

SOMMAIRE. — Le système impérial. — Un cerveau pour un peuple. — Le génie obligatoire et héréditaire. — L'Empire vrai, l'Empire à poigne. — La liberté c'est l'obéissance. — Les institutions nécessaires. — La légitimité impériale et le fils de la France. — Le candidat officiel à la dictature. — Le plébiscite, sacre des Empereurs. — L'étoile de la dynastie. — Le Dieu-Destin. — *Le peuple, c'est moi*, — devise napoléonienne. — L'issue fatale de l'Empire : invasion ou Révolution.

La religion napoléonienne nous étant révélée, le système impérial se découvre à nos yeux dans toute son ampleur.

Les hommes et les sociétés suivent une marche fatale. (Et la preuve, c'est que l'idée de marche se retrouve à chaque page dans les écrits de Napoleon III.) Certains personnages devinent le sens probable de cette marche. S'ils se trouvent, dans l'avenir, avoir deviné juste, c'est qu'ils étaient providentiels. En attendant, leur mission est d'enrégimenter, de mener les masses. — Où ? — Nul n'en sait rien, à commencer par eux, hélas! Mais il n'importe.

Cette mission, qui doit se manifester par la force et se consacrer par plébiscite, implique le pouvoir absolu, devant lequel s'effacent tous les droits individuels. Le maître ne relève que du peuple et de la force, ce qui est la même chose. Tant qu'il dure, c'est qu'il a la force ; ayant la force, il est légitime. Il règne parce qu'il règne ; il est parce qu'il est. — Amen.

Ne vous récriez pas ; rien n'est plus logique, un seul point admis, — à savoir la négation de la liberté, de la conscience, de l'intelligence des individus et des peuples. Mais qu'est-ce que cela, je vous prie ? Fantaisies « de rhéteurs, de philosophes, de métaphysiciens. »

On vous dit, dans les livres, qu'il faut, en toute société même civilisée, une âme par personne, un cerveau par tête ; on ajoute que la civilisation est en raison de la valeur propre à chacun de ces cerveaux, à chacune de ces âmes, qui constituent par leur ensemble le génie et la vie de la patrie. C'est là l'erreur.

Une nation bien ordonnée, bien organisée, ne doit avoir qu'une tête, le *chef* qui suffit à tout ; un seul système nerveux qui tiendra dans une seule boîte osseuse. Voilà l'unité nationale ; non pas cette unité prétendue, qui résulte de l'harmonie et de la diversité même des parties qui la composent ; mais l'unité formée par la réduction du tout à une seule partie.

Le *nombre*, qui est souverain, consistera dans une immense file de zéros placés à la suite d'un chiffre significatif.

Et voyez l'avantage inappréciable du système ! Que le chiffre significatif disparaisse ou diminue de valeur, voilà le nombre réduit à peu ou à rien. Que l'unique cerveau de la France ait une maladie, une hallucination ou une migraine, qu'il s'amollisse, s'affaiblisse ou vieillisse, voilà la nation inerte ou folle, énervée ou stupide, hébétée ou décrépite. Un dîner qui passe mal dans l'estomac d'un Français, un grain de sable dans son urètre, et voilà la France à bas. — Vive l'Empire !

Que l'Empire se constitue donc, au plus tôt, par un décret ainsi libellé :

« Article 1er. — Le peuple souverain ne pense et ne veut que dans la personne d'un homme souverain.

« Art. 2. — Cet homme est un génie universel et infaillible.

« Art. 3. — Il est héréditaire. »

Entendez-le bien : c'est la vraie dictature qu'il nous faut. Tous les bonapartistes le crient et M. Lachaud le proclame : « C'est la puissance dévolue à un seul, sans que les lois viennent limiter cette puissance. » (*Essai sur la Dictature.*)

Qui oserait encore parler d'Empire libéral, parlementaire, constitutionnel ? Fadaises et non-sens. Ce n'est que l'Empire travesti et dégénéré, l'Empire à bout de force, l'Empire de 1870, l'Empire de la fin. Il s'est suicidé en brisant ses armes, en désertant sa tradition despotique.

Il nous faut l'Empire vrai, et non pas même l'Empire du milieu, mais celui du commencement du règne ; l'empire à poigne, avec votes forcés, déportations sans jugements et mort sans phrase. Les crimes de l'Empire ne sont ni le Deux-Décembre, ni les proscriptions, ni la guerre de 1870; ce sont les réformes libérales.

— Mais Napoléon III n'a-t-il pas cent fois parlé de liberté?

— Sans doute, quand la force des choses a paru pousser là. Mais, hélas! sa sensibilité et M. E. Ollivier l'ont trompé. C'est plus de dictature encore qu'il fallait au peuple, mêlée de plus de socialisme. Demandez plutôt à M. Amigues, à M. Lachaud, et à ses coreligionnaires.

Quelle est, en matière de liberté, l'idée napoléonienne orthodoxe? Louis Bonaparte l'a cent fois écrit.

La liberté! c'était « le but même de Napoléon Ier. » Seulement, il faut « avant qu'elle soit possible » anéantir les partis, les passions haineuses, et l'esprit de révolution; « recréer » l'esprit public et les mœurs, le prestige du gouvernement, l'ordre dans l'Etat, la hiérarchie, l'égalité, la religion, etc. Il ne s'agit que de « la bonne, sage et vraie liberté, la liberté du bien, » celle d'une « démocratie disciplinée, » bref la liberté d'obéissance au système. (*Idées napoléoniennes.*)

Prenez une nation, pétrissez-la, jetez-la dans le moule ; quand elle s'y sera figée, vous pourrez la dégager.

Dressez un animal fougueux, domptez-le, habituez-le à marcher, trotter, galoper au moindre signe ; puis, quand il ne sait plus qu'obéir, ôtez la bride, les éperons et le mors ; la bête ira, ses jambes iront toutes seules, par la force des choses.

La liberté c'est le triomphe de la domination, c'est le couronnement de l'édifice despotique.

***

Aujourd'hui comme autrefois, le plan de cet édifice se dessine donc de lui-même.

Apothéose et suppression tout à la fois « des immortels principes de 89. » Montesquieu n'est qu'une vieille perruque. La séparation des pouvoirs ? « Une hypothèse erronée (1). » La responsabilité ministérielle ? « Une gigantesque folie. » Le Corps législatif doit être purement consultatif et ne procéder

(1) *Essai sur la dictature*, par M. G. Lachaud.

que par voie d'avis, comme le conseil d'Etat. Il sera nommé avec mandat impératif et programme unique, candidature officielle et pression administrative, histoire d'obtenir « Une Chambre homogène. » Vous voyez d'ici la chose. C'est l'empereur qui représente la nation, tout seul.

Pouvoir personnel, despotisme, autocratie, tels sont les noms de famille que l'Empire pourrait prendre. Mais les néo-bonapartistes s'en tiennent à l'étiquette de « dictature » qui est moins démodée et plus piquante. N'oublions pas, d'ailleurs, qu'il s'agit d'établir « un mode spécial de gouvernement démocratique. »

Quelle supériorité dans cette démocratie autocratique, sur l'ancien despotisme !

— « Mon pouvoir me vient de Dieu, disait la royauté, et c'est à lui que j'en dois compte. »

Vous pensez peut-être qu'une telle doctrine, toute irritante et dangereuse qu'elle fût, n'avilissait du moins ni l'homme qui l'invoquait ni ceux qui la subissaient; que cette invocation à l'autorité divine, fût-elle hypocrite, était encore un hommage à la dignité humaine. Qu'un roi s'imaginât incarner en soi la souveraineté divine, même au temporel, c'est une aberration. Mais c'est un outrage à la nation que de prétendre la personnifier en un de ses membres, réduisant tous les autres au rôle d'instruments abjects.

Voilà sans doute vos objections ; et vous demandez pourquoi, comment l'Empire serait durable et héréditaire. Toute élection n'est-elle pas personnelle, comme le pouvoir qu'elle confère, et faite pour un objet, pour un temps déterminés ?

— Ne vous hâtez point de triompher. Il est vrai que Napoléon III étant jeune, a abandonné, comme font aujourd'hui les néo-bonapartistes, le principe d'hérédité.

Louis Bonaparte constatait, dans ses rêveries politiques, « qu'il faut pouvoir changer sans bouleversement social les lois et le chef de l'Etat. Car une génération ne peut assujettir les générations futures. » Les *considérations sur la Suisse* ajoutent que, « sans de semblables lois, la souveraineté du peuple n'est qu'un vain mot. »

Le 18 mars 1856, Napoléon baptisa solennellement le prince impérial du titre « d'enfant de France » comme étant « véritablement le fils du pays tout entier. » Mais le père n'étant devenu l'incarnation du peuple que par l'opération d'un plébiscite, sans plébiscite, le fils de l'incarné n'est pas l'élu du peuple.

Voilà donc la dynastie tuée en principe ; mais, sachez qu'en pratique, elle ne s'en porte que mieux. Car, si le fils du dictateur n'est pas héritier de la dictature, il est, ainsi que le montre M. G. Lachaud, « candidat présomptif » à l'héritage. C'est le candidat officiel par excellence.

Bien mieux, ce candidat pourra être désigné, par le titulaire régnant, en dehors de sa progéniture. Il recevra le dépôt du pouvoir ; et pour transformer le dépôt en propriété, que faudra-t-il ? Un simple plébiscite. On sait comment ça s'obtient.

Le peuple pourrait (en théorie) refuser ce sacrement, comme l'Eglise autrefois avait droit de refuser le sacre. Or, comme le dauphin ne devenait roi que par la fiole, le candidat ne devient empereur que par l'urne. Mais quand un prince sait s'y prendre, qu'est-ce que cette formalité ?

Avouez-le donc, l'édifice se tient tout d'une

pièce et brave les efforts de votre misérable raison.

Reste un point faible, un seul, sa base ; car il s'appuie sur la force brutale, qui est l'instabilité, la versatilité même ; hélas ! elle ne respecte rien de ce qu'elle a fait.

Oui, la religion de la force fait un destin fatal aux hommes et aux gouvernements qui la professent ; elle les condamne à l'empirisme, à l'adoration du sort et du hasard aveugle, aux fluctuations et aux contradictions incessantes, à la passivité jusque dans l'action, à l'éternelle apologie du fait accompli, à la théorie de la souveraineté du but et de l'indifférence des moyens, au mépris des hommes, au néant moral.

Cette religion ne laisse d'autre foi que celle en « l'étoile, » (qui cadre si bien avec la théorie des hommes « phares ») ; la croyance aux présages et aux talismans, aux signes et aux dates fatidiques, aux jours fastes ou néfastes, toutes choses dont Napoléon Ier. Napoléon III et leur entourage ont tant de fois subi l'influence...

Pour qui détrône la loi morale, c'est le caprice des événements qui règne ; il faut le deviner et le suivre. C'est une diseuse de bonne aventure qui détermina la mission de l'impératrice Joséphine, et c'est à une somnambule que la reine Hortense demanda si son fils règnerait.

Par malheur, si la croyance au destin fatal soutient ceux qui visent à la fortune, elle accable ceux qui, l'ayant atteinte, la voient un instant s'éloigner d'eux. Leur seule ressource est alors la résignation, l'impassibilité.

Qu'on se souvienne de l'Empire en 1814, en 1815, en 1870. Au premier revers, il se sentait perdu, et l'était. Il est condamné, pour durer, au succès à outrance, à la prospérité, à la victoire perpétuelle. *Vœ victis*, cette devise l'écrase dans le malheur, car c'est la devise de la force.

Ce dictateur, — qui ne dit pas : « L'Etat c'est moi, » mais qui dit : « Le peuple c'est moi, » — étant le maître absolu de l'édifice où il nous tient enfermés, n'en peut sortir que lorsque les murs s'écroulent sous les coups du dehors ou du dedans ; mais ils peuvent à tout instant s'écrouler.

L'Empire est donc une dictature tempérée par le hasard et l'imprévu, par les crises sociales et nationales, par la révolution et l'invasion. Loin de nous défendre et de se défendre contre les chances et les caprices du destin, il doit les subir et les adorer, car c'est son Dieu.

Jusqu'ici l'Empire, en France, n'a succombé que sous les coups de l'étranger, et c'est une consolation pour nous. Mais ne serait-ce pas folie que de méconnaître l'autre péril, la Révolution violente, dont Napoléon III et ses amis se sentaient menacés en 1870, et qui a éclaté en 1871 ? N'est-ce pas pour sauver la couronne de son fils que le père à rêvé de ressaisir sa force dans une guerre nationale ?

L'édifice se minait, craquait, penchait à sa ruine. On avait essayé de l'étayer, de le reprendre en sous-œuvre. Mais en dépit du quatrième plébiscite, cet édifice ne pouvait même supporter « son couronnement. » Chaque liberté conquise ou concédée, chaque lambeau arraché au pouvoir personnel faisait mieux sentir le vice de ce qui subsistait. Quand on troue, pour la consolider, une construction vermoulue, elle s'écroule.

Comment espérer qu'un homme, qu'un gouvernement transforme sa nature, anéantisse son passé ? Un tel miracle serait immoral. C'est bien parce que les individus et les sociétés sont soumis à certaines lois, que la Providence n'est pas un vain mot ; et si ces lois doivent prendre la rigueur implacable de l'antique fatalité, c'est contre ceux qui, méconnaissant les lois morales, n'ont cru qu'aux forces fatales.

« — Qui frappe par l'épée périra par l'épée », dit l'Evangile, qu'on nous permettra de préférer à la religion napoléonienne. — Qui triomphe par la force, succombe par la force.

Telles sont les destinées de l'Empire.

La Politique impériale.

SOMMAIRE. — Politique extérieure ; jeux du hasard et de la force. — Un principe par jour. — Une main haute et ferme. — Comment on travaille encore à l'étranger. — Politique intérieure. — La règle, c'est l'arbitraire. — L'empire, médiateur entre les classes et les partis. Diviser pour régner. — 1848 et 1851. — Les habits et les blouses ; les campagnes et les villes. — La politique sociale de Napoléon III. — L'enquête sur l'élection de la Nièvre. — Communards impériaux. — Embauchage et opérations de l'armée bonapartiste. — Le péril social, c'est l'Empire.

Après la théorie, examinons la pratique du système napoléonien.

Comme l'Empire a ses principes et sa forme nécessaire, il a sa méthode et ses procédés de gouvernement. Il répond à certain état des mœurs, à certaine phase de la vie d'une nation. La politique bonapartiste et la société impériale, tels seront donc nos derniers sujets d'étude.

***

Nous parlerons peu de la politique extérieure ; car elle n'apparaît guère que comme le triomphe constant du hasard et de l'imprévu.

Peser toutes les forces, supputer toutes les chances, flotter au gré des événements, flairer le vent, chercher la bonne étoile, tel était le grand souci de cette politique errante et versatile. Toujours aux aguets et toujours prise au dépourvu, elle s'attaquait à tous « les grands problèmes » et criait victoire à chaque déconvenue.

Certes, elle ne manquait pas de principes. Principe de l'équilibre européen, principe des nationalités, principe de non-intervention, principe de la souveraineté des peuples, principe des frontières naturelles, principe des compensations, principe des grandes agglomérations..., combien d'autres encore, différents et au besoin contraires, classés et numérotés pour tous les usages et pour toutes les circonstances. Manquer de principes ! On les avait tous.

Sur toute question, en toute occasion, ce

n'était que théories, plans et calculs profonds. Ce n'était que marches et contremarches, voies enchevêtrées et souterraines, préparées pour toutes les évolutions possibles ou impossibles.

Prodiges d'imagination et de machination qui n'aboutissaient qu'à la glorification en règle de tous les faits accomplis ! Génie merveilleux qui voulait tout deviner et ne savait rien prévoir, qui visait à mener l'Europe et ne pouvait tracer sa propre route. Ah! il guidait la France d'une main haute et ferme ! Mais où la guidait-il ? c'est ce qu'il ignora jusqu'à Sedan. La chose une fois arrivée, c'était la destinée qu'elle arrivât ; et l'homme du destin, impassible, alluma sa cigarette.

N'allez pas croire, au moins, que le vaincu nourrît de sottes rancunes contre le vainqueur. Il avait risqué une partie et l'avait perdue ; que la patrie fût ou non l'enjeu, il n'importait. Ce qui importait, c'était de ressaisir et de suivre la veine, qui était à la Prusse. On chercha donc à nouer partie avec elle, pour gagner son alliance et rattraper le trône.

Rappelez-vous les négociations de M. Bazaine en 1870 ; et rappelez-vous cette dépêche de l'ambassadeur d'Allemagne à son gouvernement, le 6 mai 1872 : « Je crois que nous ne devons pas repousser les bonapartistes. Ce sont les seuls qui recherchent ouvertement notre appui, tandis que les autres partis évitent toute relation avec nous. » (1)

C'est encore en Prusse, puis en Espagne et en Italie qu'on répandit, jusqu'au vote des lois constitutionnelles, les prédictions et les bruits de coups bonapartistes à Paris. Car on travaille encore chez nos voisins ; et lorsque certain maréchal laissa renverser la République confiée à son honneur, on triompha de l'avénement du « précurseur » Alphonse. Le précurseur, vous entendez ! Voyez-vous reparaître encore le Messie napoléonien et la religion de la force ?

*
* *

Même empirisme, — pardon, — même abondance de principes dans la politique intérieure.

Principes de la religion et de la Révolution, de la souveraineté nationale et de la légiti-

(1) Pièces publiées dans le procès du comte d'Arnim, en décembre 1874.

mité impériale, de discipline et de liberté, de hiérarchie et d'égalité, de rénovation sociale et de conservation, de la morale et du succès, de la centralisation et de la décentralisation ; cent autres se mêlent, se poussent et se heurtent comme les pièces d'un échiquier, se prêtant à des combinaisons innombrables. Pas une fantaisie qui ne puisse être aussitôt flanquée de quelque principe.

Mais rassurez-vous : sous ce flot d'idées ondoyantes, il en est une fixe : DURER ; et c'est pour durer qu'on imagine mille expédients. Derrière la légion des principes mobiles, il en est un stable, dont tous les autres ne sont que le cortége ; — c'est le principe du pouvoir fort, traduisez l'arbitraire sous mille formes changeantes. L'arbitraire s'est maintenu jusqu'à la fin de l'Empire.

Nous ne rappellerons pas comment la vie publique et l'opinion publique furent étouffées, la représentation nationale faussée, et faussée la liberté elle-même, lorsqu'on affecta de nous en restituer quelques parcelles.

Mais il est une face de cette politique qu'il importe de démasquer, car elle est restée trop longtemps obscure pour le public.

D'ailleurs elle ne peut varier, car elle est la condition même de la dictature. Il s'agit de l'exploitation, au profit d'un homme, des divisions qui ont déchiré la nation ; il s'agit de ce qu'on pourrait appeler la politique sociale de l'Empire.

*
* *

« Diviser pour régner, » telle est la vieille maxime des despotes. Isolés au milieu des masses d'hommes, ne seraient-ils pas broyés, si elles se rapprochaient ? Leur soin est donc de les partager en fractions hostiles.

La politique de bascule que l'Empire reprochait tant à la Monarchie de Juillet, comme étant celle d'un pouvoir faible, il l'a poussée à l'extrême pour le maintien du pouvoir fort.

Grâce aux haines de partis et de classes, grâce aux rancunes implacables qui survécurent à la Révolution et à l'insurrection de 1848, Louis-Napoléon put assurer en 1851 le succès du coup d'Etat. Aux soldats, il eut le courage de prêcher la revanche, par la fusillade contre la population civile ; aux paysans, la revanche par le plébiscite, contre les grandes villes, qui font les révolutions ; aux bourgeois, la revanche par l'ordre contre les mécontents et les turbulents, qui font les émeutes ; aux insurgés, la revanche par la dictature contre les conservateurs et les libéraux.

Ainsi périt cette République trop démocratique pour les uns, trop aristocratique pour les autres ; trop socialiste pour ceux-ci, trop économiste pour ceux-là ; trop monarchiste aux yeux de quelques-uns, trop républicaine encore pour beaucoup.

En juin 1848, les faubourgs avaient été canonnés ; en décembre 1851, on mitrailla les boulevards, et les agents du dictateur eurent soin de publier, à Paris, qu'on avait frappé « les habits, » et, en province, qu'on en avait fini avec « les blouses ; » dans les campagnes, qu'on avait mis les Parisiens à la raison, et, dans les villes, qu'on avait écrasé « les jacques. »

Après le coup, le dictateur prêcha l'oubli du passé, c'est-à-dire de son passé, car il était bon qu'on se souvînt des discordes civiles. Il prêcha la réconciliation des partis, mais il entendait par là leur abdication commune ; il prêcha la réconciliation des classes, mais cela signifiait le nivellement de la nation sous lui.

Réconcilier! c'eût été condamner et perdre la dictature. Le jour où les classes se sont unies pour la défense du sol, l'Empire a disparu; le jour où les partis avaient formé l'*Union libérale*, une brèche avait été faite à l'Empire.

C'est surtout alors que ses actes publics et ses menées occultes, les efforts de ses fonctionnaires et de ses agents, des écrivains et des tribuns à sa solde, son rôle à l'égard de la presse et des réunions publiques, à l'égard des ouvriers et des patrons, des associations et de l'Internationale, des coalitions et des grèves, — tendirent à ce but : Opposer le prolétariat à la bourgeoisie, le danger social au progrès politique, le communisme au libéralisme, l'organisation des travailleurs à l'individualisme des classes supérieures, l'instinct de la dictature à la passion de la liberté, les appétits grossiers aux aspirations nobles, l'esprit de violence à l'esprit de légalité.

Affectant le désintéressement d'un médiateur en cette lutte, il gardait sous sa main les masses rurales et l'armée, toujours prêt à écraser les résistances sous le poids du nombre et de la force.

Comment n'aurait-il pas accru le mal qu'il exploitait? C'est avec anxiété que nombre d'hommes, même ralliés à lui, virent les terribles effets de cette politique dissolvante, qui sacrifiait l'avenir et le repos du pays à l'intérêt d'un homme et de son entourage. Ils voyaient approcher la crise sociale, que la crise nationale retarda, sans l'arrêter.

L'effroyable diversion de la guerre, dernier crime de cette politique, en provoqua le châtiment, et tout ensemble, hélas! l'expiation de notre pays, coupable d'une si longue abdication. Alors apparut l'isolement du pouvoir fort en France comme en Europe. Il ne fut pas même renversé; il s'effondra.

Nous n'avons garde de suivre pas à pas *la politique sociale* de Napoléon III, dans ses écrits et dans ses actes. Ne serait-ce pas retracer tout entière l'histoire du prince socialiste?

Qui n'a présent à l'esprit ce fameux système d'extinction du paupérisme destiné à enrégimenter, caserner, solder, habiller, héberger, surveiller les vingt-cinq millions de prolétaires; et cette institution des représentants-sous-officiers-prudhommes (à raison de 1 par dix têtes) destinée à « simplifier dans le rapport de 1 à 10 l'impulsion à donner à la masse, pour l'éclairer, lui parler et la faire agir? (1) »

Laissons cette représentation idéale de la nation; laissons les textes et les faits qui s'offriraient par centaines, si nous avions à prouver l'étrangeté du socialisme impérial, et le sentiment très net, qu'avait le prince, du profit à tirer de l'antagonisme des partis et des classes.

Sous la phraséologie vague et mystique, propre à passionner ceux qu'on affecte d'appeler travailleurs (comme si les autres citoyens n'étaient que des parasites), sous les images et les expressions stéréotypées dont la répétition fatiguerait le lecteur, surgit toujours l'idée de l'empire « médiateur, » du gouvernement « promoteur et régulateur des forces vitales d'un pays, » enfin, de l'incarnation des masses en un homme.

S'il fallait grouper aussi les témoi-

(1) Voir *Extinction du Paupérisme*, œuvres de Napoléon III, tome II.

gnages fournis, depuis nos malheurs, par les hommes qui en ont solennellement recherché les causes, combien nous en apporterait l'enquête sur l'insurrection du 18 mars!

Mais quelle lumière s'est tout à coup faite dans l'enquête sur l'élection de la Nièvre!

Avec quelle netteté M. le préfet de police n'a-t-il pas signalé cette politique, qui exploite chez les uns le besoin de repos ou la peur, chez les autres les appétits et les rêves nés de la misère; qui promet l'ordre aux conservateurs, la réaction aux cléricaux et la révolution sociale aux communistes!

« Car il s'agit de former les cadres d'un parti socialiste napoléonien, de déterminer un mouvement en faveur de l'Empire (1). »

On connaît l'*Espérance nationale*, ce journal publié par M. Amigues jusqu'en 1873, sous le patronage direct de la dynastie, aux frais du comité Rouher et consorts; — « C'était le journal du pauvre grand empereur, » a dit M. Amigues, qui « a tenu de lui sa mission, » et qui a reçu de toute la famille les plus vives protestations d'estime.

« Jamais, dit M. le préfet de police, on n'a

(1) Déposition de M. le Préfet de Police.

parlé aux ouvriers un langage mieux fait pour déchaîner les haines, les désirs de destruction. On représente le régime impérial comme seul capable de délivrer le travail de la servitude où l'ont mis les nobles, les riches, les bourgeois. »

Car c'est bien « l'égoïste et ignorante bourgeoisie française » qu'il faut écraser, cette bourgeoisie corrompue, repue, ventrue qu'on personnifie dans le type de M. Saccochard, qui ne se plaît qu'à « manger du communard. » (*Espérance nationale*).

Qant aux ouvriers, écoutez le langage qu'on leur prête :

« Nous avons été rudement bêtes de nous laisser monter le coup par un tas de rossards... Je voudrais bien voir revenir l'empereur. Quel coup de balai dans la boutique ! »

Qu'est-ce que le coup de balai?... Rappelez-vous le 2 Décembre.

Et quel est le but de telles prédications?

C'est de soulever les déclassés, les égarés et les condamnés, les malheureux, les envieux et les furieux, contre les lois établies, afin que la nation affolée se jette sous la main d'un dictateur.

Le but! Mais ne le découvre-t-on pas à chaque ligne des documents que la justice a recueillis? Et, pourtant, le préfet de police nous dit que ce qu'on a trouvé n'est rien.

Peut-on oublier cette lettre d'un agent bonapartiste déclarant : « Qu'il faut reprendre en dessous la matière électorale, puisqu'on compte uniquement sur le plébiscite, et avoir pour soi les divers comités qui considèrent Gambetta comme un aristo, un bourgeois, un avocat, enfin! » Aussi, créera-t-on un « journal populacier à un sou, avec un comité de communards plus ou moins bon teint. »

Et cette société de la rue Sedaine, ce *comité électoral des travailleurs*, qui visaient à rallier les ouvriers sous le drapeau de « la République fédérale, démocratique et sociale, » et sous la direction d'agents bonapartistes!

Et cette *union française des amis de la paix sociale*, qui rassemble à l'étranger les communards qu'on peut conquérir ou acquérir au bonapartisme, sous la direction de deux insurgés de Lyon, membres de l'Internationale ! On lance en France des brochures, que M. Léon Renault déclare abominables; et l'un des manifestes est ainsi conçu :

« Ouvriers, qu'y a-t-il de commun entre les républicains et vous? Ils sont plus réactionnaires que les souteneurs du droit divin. Souvenez-vous de 1834, souvenez-vous des journées de juin 1848 ! »

Conclusion : Assez du « règne de la loi et de la liberté individuelle, qui profite aux gros riches. » Vive l'Empire autoritaire et communiste !

Comment oublier encore l'attitude du parti bonapartiste au lendemain de la guerre étrangère, en face de la guerre civile; les encouragements, « les baisers et les larmes » qu'il envoyait d'Angleterre aux insurgés (1); le rôle de certains agents qui opéraient à Paris; les aveux de ce commandant fédéré, prêt à rendre le fort d'Issy à l'empereur, et d'autres fonctionnaires de la Commune; enfin les obscurs et lugubres événements de Mai 1871, dont on n'a pas découvert, dont on ne découvrira jamais peut-être le fond !

(1) Voir le journal *la Situation.*

Comment oublier le recrutement des hommes de la Commune après sa chute; la manifestation des *Vengeurs de Flourens* à Chislehurst; l'embauchage des condamnés dans les prisons; la formation de l'armée bonapartiste; la propagande par images, journaux, brochures, chansons même; l'action par manifestations, conciliabules et associations, par corruption, tromperie ou intimidation, dans les ateliers, les casernes, la gendarmerie, les administrations publiques et jusqu'à la préfecture de police!

La République définitive a coupé ce beau mouvement.

Qu'est-ce donc que l'Empire, et que veut-il? — « Le césarisme » répond M. Amigues; « car les deux mots ne sont qu'une seule et même chose; » — « le socialisme pratique, » répond l'*Union française de la paix sociale*. — M. le Préfet de Police le déclare: « l'empereur, quand il vivait, le comité directeur, après sa mort, ont autorisé et approuvé ces définitions de l'Empire. »

Consultez enfin *les jeunes*, et M. G. Lachaud vous apprendra que l'Empire, c'est le régime où « la plèbe est rassasiée et joyeuse. » Que le peuple, « ce tyran, ce César fantasque demande à ne plus mendier sur la route, à ne plus cacher des haillons sous sa pourpre comme fait un roi de théâtre. — Cela te regarde, ô César ! Ose donc le vouloir au lieu de le demander (1). »

Est-il besoin d'ajouter que les conservateurs sont « des satisfaits, disant : Nous sommes au bien-être et à la fortune, restons-y. » Rappelant certaines invectives de Napoléon III contre eux, M. G. Lachaud ajoute que « les épithètes d'ineptes et sots ne paraîtront peut-être pas trop dures. » Et il se réserve, dans un nouveau volume, de montrer comment il convient de traiter ces sots et ces ineptes.

***

En est-ce assez?

Péril social ! — Tel a été le mot d'ordre, le cri de guerre des adversaires de la République, guidés par M. de Broglie.

Il est permis, en montrant l'Empire à ceux qui se sont faits ses protégés, de leur répondre : — Le péril social, le voilà.

(1) *Essai sur la dictature.*

La Société impériale.

SOMMAIRE. — Les mœurs qu'il faut à l'Empire. — Le règne des appétits. — La jouissance, fondement de l'ordre. A bas la liberté, vive la licence ! — L'intérêt matériel, Dieu des communistes et des despotes. — L'asservissement et l'assouvissement des masses. — *Panem et circenses.* Gloire au bas Empire ! — Ce que doit être un gouvernement. Le grand pourvoyeur. — Ce que doit être le peuple. Sa majesté la canaille. — Ce que doit être l'élite. L'aristocratie de la dictature. — Comment se recrute une cour impériale. — Cours de politique transcendante. — Abrutir pour régner. — Le coup de balai.

L'influence de la politique, du gouvernement et du système napoléoniens sur les mœurs, le caractère et la vie de la nation, tel est notre dernier sujet d'étude, dont nous ne présenterons ici que les points saillants.

On a dit que tout événement est à la fois un effet et une cause, et qu'un gouvernement est, au moins à son début, le produit de la société même qu'il doit le plus profondément modifier.

S'il est injuste de prétendre qu'une nation a toujours le gouvernement qu'elle mérite, — car elle peut être trompée ou surprise, — encore faut-il que ce gouvernement trouve en elle les moyens de réussir, fût-ce par surprise ou tromperie. Gardons-nous donc de nier que les mœurs de l'Empire existassent en germe avant son établissement.

Les inventions du génie moderne, les entreprises et les progrès de l'industrie, les chemins de fer et les machines à vapeur, le développement des relations et des transactions commerciales, l'accroissement des fortunes, enfin le système de la protection et du monopole, avaient répandu dans les classes moyennes, avant 1848, l'amour du gain, l'habitude du bien-être, le goût du luxe, puis l'égoïsme et les vices qu'entraîne facilement la richesse trop vite et trop aisément acquise.

N'est-ce pas sous la Monarchie de Juillet que la plupart de ces personnages de l'Empire, dont le plus raffiné fut M. de Morny, ont préludé à leur rôle futur? En politique comme dans l'industrie triomphaient la morale de l'intérêt et la suprématie d'une classe. Seulement, outre qu'il était aisé de prévoir que tôt ou tard l'opinion publique obtiendrait gain de cause, le caractère honorable de la famille régnante, le contrôle de la presse et les moyens légaux d'opposition atténuaient le péril. Il n'était pas jusqu'aux scandales qui ne soulageassent la conscience publique par la honte des coupables.

Sous l'Empire, il n'y eut plus de honte; les expédients furent érigés en système, et le système poussé jusqu'au cynisme. Toute résistance étant violemment supprimée, c'est jusqu'à la nation que s'étendit le mal moral; et l'Empire en est vraiment responsable, car il en a vécu.

*
* *

D'ailleurs, l'appétit désordonné de jouissances matérielles, qui peut n'être qu'un accident, une crise passagère chez un peuple libre, n'est-il pas la condition de vie normale d'un peuple asservi, la condition de durée d'un gouvernement despotique?

Bien que la politique de tout dictateur soit de diviser la nation pour régner, il faut, sous peine de voir cette nation se dissoudre, qu'il s'attache les masses divisées, par un lien propre à les maintenir sous lui sans trop les rapprocher entre elles. Ce lien, c'est le bien-être matériel.

C'est surtout lorsqu'on fait abdiquer à des hommes leur pensée libre, leurs passions les plus généreuses et leurs aspirations les plus nobles, qu'il importe d'exalter et d'assouvir leurs besoins matériels et leurs instincts grossiers. Ne rend-on pas ainsi leur dépendance plus étroite et leur faiblesse plus incurable? En paraissant les servir, on les asservit.

Donc : à défaut de libertés, la licence; à défaut de progrès moral, les raffinements du plaisir et du luxe; à défaut d'aliment pour l'esprit, la pâture pour les sens; à défaut du cerveau, le ventre!

C'est par là que tout homme prendra ses semblables, pour les mener comme son troupeau, — qu'il soit dictateur impérial ou communiste, qu'il imagine un système de démocratie césarienne ou d'extinction du paupérisme. Qu'on ne voie donc pas dans les théories communistes de Napoléon III, dans ses déclamations contre les régimes de liberté, dans l'affinité qui s'est révélée, en 1848 et en 1871, entre le communisme et le bonapartisme, le rapprochement fortuit de deux ennemis vaincus qui combattent un ennemi vainqueur.

Qu'on n'imagine pas que les agents bonapartistes, recruteurs d'adhérents parmi les communards, embaucheurs de condamnés dans les prisons, et que les insurgés ou *internationaux* ralliés au comité Rouher, ne fussent tous que des misérables obéissant à la plus ignoble cupidité.

Une cause domine ces bassesses, une force agit sur nombre de désespérés et d'égarés : c'est cette idée, qui hante les imaginations surexcitées par la souffrance, par la passion, par l'ignorance, par la faim, l'idée du progrès subit et brutal, à réaliser par un coup du sort ou de la force, par un miracle, contre les lois mêmes de la raison ; l'idée d'une Providence arbitraire, d'une puissance absolue, capable de changer brusquement la face des choses, de tirer tout du néant et d'y faire tout rentrer, d'engendrer d'un signe la prospérité, l'abondance et la joie universelle.

C'est la venue du Messie, c'est le royaume du ciel que ces imaginations rêvent, attendent et prédisent ; mais ce Messie n'est pas celui d'en haut, l'oint du Seigneur, l'incarnation divine ; il est l'incarnation de l'humanité, l'oint du peuple, le Messie d'en bas. Ce royaume, ce n'est pas celui de la vérité éternelle, idéale ; c'est le domaine de la vie réelle et du temps présent, l'Eden, le paradis visible et tangible.

Fouillez les systèmes communistes et les idées de Napoléon III, et vous y trouverez le même Dieu, Dieu unique : l'intérêt matériel.

Intérêt matériel, bien-être matériel, jouissances matérielles, c'est tout le programme des écrits et des discours de Napoléon III.

Le parti ne se fait-il pas gloire encore, après l'invasion, la ruine et le démembrement de la France, des « vingt années de prospérité ; » comme s'il avait été l'inventeur de l'industrie et des chemins de fer, l'auteur du travail national qu'il a exploité, et des épargnes immenses qu'il a dissipées ; comme si ceux qui nous ont coûté dix milliards et deux provinces avaient droit de parler de prospérité publique !

Tous les problèmes de la vie sociale et de la vie humaine ont été résumés par Louis Bonaparte dans la question de pâture ; l'idée ne semble pas lui être venue que les masses, une fois repues, pussent aspirer sottement à quelque autre idéal.

Par quels moyens a-t-on acquis les soldats du 2 décembre et surtout les généraux? Par quels moyens a-t-on tenu les paysans, désintéressé les ouvriers, occupé les bourgeois pendant vingt ans ! Nul ne l'ignore.

Ces mêmes moyens n'ont-ils pas continué d'être mis en œuvre depuis la chute de l'empire ? Les dépositions et documents de l'enquête sur l'élection de la Nièvre, ne nous révèlent-ils pas comment les agents et meneurs bonapartistes s'efforcent de gagner les fonctionnaires, en leur promettant des faveurs ; les soldats, en promettant à tous les degrés de la hiérarchie militaire, le bien-être et les avantages matériels (1), les paysans, en promettant la levée des impôts qui payent les dettes de l'empire et la rançon de la France ; les bourgeois, en promettant des bénéfices sans peine et des jouissances sans effort.

(1) Déposition de M. le Préfet de Police.

Briser chez tous les sentiments de l'honneur et du devoir, les dégoûter des travaux virils et des luttes saines de la liberté, exciter la cupidité, la vanité, l'égoïsme, la peur, tous les instincts bas qui rendraient la nation impuissante à se gouverner elle-même; tel est le but.

Rien ne pouvait compléter mieux ces révélations et aveux fort involontaires des agents bonapartistes, que les déclarations d'un des meneurs du parti, un des *jeunes*, témoin des mœurs de la société impériale, M. G. Lachaud.

« Loin de chercher à voiler la vérité, nous l'avons étalée, » dit-il. Voyons donc ce qu'il étale à nos yeux.

Panem et circenses! Telle est la devise de l'empire. Telle est la formule que Napoléon III a justifiée dans son *Histoire de César*, que M. Jules Amigues a proclamée dans l'*Espérance nationale*, et que M. G. Lachaud glorifie dans son *Essai sur la dictature.*

Panem et circenses, la pâture et le plaisir; voilà ce que le gouvernement impérial doit au peuple en échange de sa souveraineté.

« C'est fournir gratuitement au peuple le pain et les amusements, » a dit M. Amigues. — « C'est le ventre et l'œil rassassiés ! » s'écrie M. Lachaud. — « Cette formule résume d'une façon admirable tout un ensemble d'actes, disant en trois mots ce que des milliers de volumes exprimeraient moins bien. »

Qui donc a flétri les orgies romaines et les massacres du cirque? — « Des drames imaginaires suffisaient sans doute à provoquer les larmes et les terreurs des Républiques faibles; » mais le pouvoir fort « pousse l'art jusqu'à la perfection par des supplices magnifiques. C'est l'échafaud idéalisé et agrandi. »

Ecoutez encore :

« Les empereurs romains laissèrent les hommes de leurs temps avec leurs vices, leurs passions, leurs appétits; ils interrogèrent leurs désirs et s'efforcèrent de les satisfaire. A notre avis, ils se montrèrent sages. Les gouvernements sont les valets et les pourvoyeurs des nations. La dictature ne recherche ni si les goûts sont nobles, ni si les désirs sont honnêtes ; elle trouve dans la nécessité de son salut le génie de l'obséquiosité; elle aiguillonne les instincts; elle les flatte et elle s'attache à les rendre exigeants ; parce que, de la sorte, elle sera seule en mesure de leur fournir ce qu'ils réclament. »

Il faut assouvir les masses, afin « qu'elles ne brisent pas leur frein ! » C'est la loi de l'empire, en France comme à Rome, au dix-neuvième siècle comme dans l'antiquité :

Panem et circenses!

En réalité, qu'est-ce que le peuple?

« Pas de pudeurs enfantines! répond M. G. Lachaud. Le peuple aime le bruit, le vin, la débauche. »

Le bruit, c'est le chant, le cri, le tumulte. Le vin, « c'est la force et l'abrutissement, la force qui rend le travail moins pénible, l'abrutissement qui rend le manque de travail moins douloureux. » La débauche, c'est un exutoire. « Si les ardeurs humaines se dépensent en désordre moral, elles seront trop faibles pour le désordre insurrectionnel. »

Quant aux « plaisirs supérieurs, ils ne sont qu'à la portée d'un groupe très-restreint de raffinés. » Ce ne sont pas ces distractions qu'un gouvernement doit fournir à ses sujets, mais bien de fréquentes réjouissances aux habitants des villes, et dans chaque bourgade de faciles occasions de plaisir. »

Car, il est temps de le confesser, le peuple-roi, ce peuple auquel on veut faire résoudre d'un mot, *oui* ou *non*, les problèmes les plus abstraits de la politique, ce peuple pour lequel on professe tant de respect, ce n'est autre chose que « plèbe, multitude, populace grossière, foule brutale, Majesté capricieuse, peuple enfant, canaille, animal domestique, bête affolée. »

Telles sont les qualifications que lui décerne indifféremment M. G. Lachaud ; et M. Amigues, qui est plus spécialement l'adorateur du peuple, dit crânement : LA CRAPULE. Mais ce ne sont là que des termes d'amitié ; le mot officiel et poli, c'est celui d'un des agents de M. Amigues : « la matière électorale (1). »

Voilà pour la masse. Que sera l'élite, la cour impériale, la classe supérieure, l'aristocratie sous la dictature ? Car il faut une aristocratie, ne fût-ce que pour faire aller le commerce.

Constatons d'abord, avec M. Lachaud, que

(1) Déposition de M. le Préfet de Police.

ce ne sera ni l'aristocratie de la naissance, mal disposée pour la dynastie, ni celle de l'intelligence, qui méprise le système, ni l'aristocratie d'argent, qui a encore son orgueil. Il faut que tout soit nivelé, afin « que nul ne soit à l'abri de l'égalité et de l'obéissance. » Si le dictateur s'attache quelques débris des anciennes aristocraties, ce sera pour « les avilir, leur enlever jusqu'à l'asile de l'honneur intact. » S'il accueille « les transfuges des causes perdues, » ce sera pour « peupler ses antichambres et déshonorer ses ennemis. »

L'aristocratie de la dictature, c'est « l'aristocratie du hasard. » Elle comprendra les amis personnels, destinés à recruter « la domesticité intime du dictateur. Car il est souvent un ancien coureur d'aventures ; il traîne; à sa suite une bande d'amis souvent besoigneux. »

A ce noyau s'agrégeront « les aventuriers dont le chef de l'Etat a subi la protection, les fonctionnaires, les gentilshommes suspects, les enrichis, les anonymes, les étrangers nomades, sur le passé desquels on fermera les yeux : fournisseurs peu intègres, comptables trop avisés, négociants incorrects ; » en un mot, tout ceux qu'attirent le goût de la dépense ou de la curée, « les gros délits, les grosses fortunes et les grosses ambitions, »

Chacun aura ses visées et ses ressources, ses moyens de succès et d'influence.

« L'un associera à quelque spéculation fructueuse un favori du souverain ; l'autre accordera un prêt direct d'argent ; celle-ci paiera la bienvenue par un sourire ; celle-là sera obligée de satisfaire à des exigences plus impertinentes. Suivant des tarifs divers, on obtiendra des indulgences plus ou moins difficiles à accorder. »

Là naîtront et fructifieront le plaisir et le luxe à outrance. Cette aristocratie-là « ne médira pas de la boue » qui est le fondement des empires ; « ce fumier pourra être fécond, » car il peut engendrer les hommes d'Etat de l'empire.

Si cette « cohue reste inféconde, » si elle devient inutile au commerce et à l'amusement public, « le peuple la balaie bientôt, » voilà tout. — L'empire finit alors comme il a commencé : par un coup de balai.

France de l'ancienne monarchie et de la

grande Révolution, France du dix-septième et du dix-huitième siècle, patrie de penseurs et de héros, peuple des vieilles croisades pour le christianisme et des croisades modernes pour la liberté, voilà ce que ces hommes ont voulu, voilà ce que ces hommes voudraient faire de toi !

La Crise bonapartiste.

SOMMAIRE. — Où en sont les bonapartistes? — Un programme, s'il vous plaît. — Un article manifeste ; l'Empire progressiste ; la querelle des jeunes et des vieux. — Un discours manifeste ; l'Empire libéral, sans impérialistes libéraux. — Une brochure manifeste ; l'Empire conciliant. — Ce qui se cache sous les fleurs ; l'Empire traditionnel et le vice-Empereur. — Jugement d'un ancien ami. — L'Empire c'est l'Empereur. Qui serait-il et que serait-il ? — Bataille de Napoléons.

Nous croyons avoir montré, par les faits et par les textes, que la doctrine de l'empire représente le culte de la force, la morale du succès, l'apologie de l'arbitraire ; que ses institutions visent à l'abdication nationale, à l'omnipotence d'un homme ; que sa politique extérieure est une politique de hasard, et sa politique intérieure une politique de division ; qu'enfin l'empire, exaltant les appétits matériels, abaissant les caractères et les intelligences, provoque fatalement des crises sociales.

Il nous reste, pour conclure, à parler des hommes qui se présentent aujourd'hui comme les impérialistes de l'avenir, et de cet empire futur, qu'ils aiment à prédire, ne fût-ce que pour s'efforcer d'y croire.

Depuis quelques mois la crise à laquelle était condamné le bonapartisme, après l'établissement de la République, a nettement apparu.

Des efforts ont été tentés pour hâter la confuse évolution des *jeunes*, pour donner des cadres et un drapeau, un uniforme et un mot de ralliement, une base d'opérations et un plan de campagne aux générations nouvelles, qu'on voudrait enrégimenter et mener à la bataille des élections prochaines.

Tracer le programme du nouvel empire, qui reste encore à l'état de mythe cinq ans après la chute de l'autre, dégager une doctrine ayant à peu près forme humaine et forme moderne du triste amas d'idées incohérentes, de théories usées, de principes faussés où git maintenant l'édifice impérial, tel est l'essai que quelques hommes ont fait, et qui s'est dessiné d'abord dans un journal assez libre d'allures, prompt aux évolutions et indifférent à la discipline, le journal des volontaires irréguliers et des troupes légères du parti.

L'*Idée impériale*, tel est le titre du manifeste publié par le *Gaulois* et inspiré sans doute par quelques personnages de l'*Empire libéral*, que l'on présente maintenant sous le titre d'*Empire progressiste*. Mais les partisans des autres sortes d'empire n'ont répondu que par le silence, réponse assez significative.

Ce manifeste constatait, non sans regret, que « les personnages les plus autorisés du parti n'ont pas cru devoir rechercher, comme leurs adversaires, une occasion solennelle de faire connaître leurs intentions d'avenir ; qu'il n'est pas suffisant de se présenter au suffrage universel comme partisans de la révision de la constitution dans le sens de l'Appel au peuple, c'est-à-dire pour parler en français clair et dépouillé d'ambages, comme impérialistes; qu'il y a Empire et Empire ; que l'Empire est proposé comme drapeau par des hommes dont les opinions et le programme diffèrent sur toutes choses, sauf sur le suffrage universel. »

Après s'être attristé dans la contemplation de ce régime à deux faces qui, à l'effet de conserver deux programmes, celui de 1852 et celui de 1870, finit par n'en plus offrir un seul, l'auteur traçait un seul programme, mais qui se trouve, hélas! encore double. Car l'Empire doit être tout à la fois « la réalisation parfaite du rêve monarchique, et la réalisation parfaite du régime républicain. » — Et nous voilà ramenés, sur les principes de l'Empire, à l'éternelle duplicité!

Le manifeste a proclamé aussi « que le gouvernement absolu ne peut être qu'une étape dans l'histoire d'un pays; qu'il entraîne des revendications terribles; que l'empereur a senti le péril à la fin de 1869; que c'est pour éviter une explosion qu'il redoutait prochaine et sentait légitime, qu'il a accompli l'œuvre du 2 janvier; mais qu'il n'avait pour accomplir cette évolution rapide, du haut en bas de son administration, que des hommes élevés à l'école du despotisme; en sorte qu'il a trouvé autour de lui des résistances et des intelligences appuyées malheureusement sur des dévouements trop aveugles. »

Et nous voilà ramenés à la destinée fatale de l'Empire.

Que MM. les jeunes s'accordent pour condamner MM. les vieux du parti, c'est leur affaire et leur droit. Mais est-il bien sûr que cet accord suffise à faire des jeunes un groupe compact, et que ce groupe soit libéral? L'abondance, la variété des principes ne se retrouve-t-elle pas chez ceux-ci comme chez ceux-là? N'y a-t-il pas les jeunes autoritaires et les jeunes parlementaires, les cléricaux et les communistes, les conservateurs et les avancés? Ce n'est pas un parti, ce sont des partis de jeunes qui surgissent.

Que de railleries n'a-t-on pas faites sur la multiplicité des partis qui s'abritent sous la République, bien que la République ait pour devoir de s'ouvrir à tous! Mais que signifie l'anarchie de l'armée impériale, qui se targue de représenter la discipline?

Elle signifie que l'Empire ne peut, sans abdiquer, se fixer à un principe. Accepte-t-il la souveraineté monarchique? la royauté seule est logique. Proclame-t-il la souveraineté populaire? la République triomphe. Les faits le prouvent: depuis la Révolution française, un seul exemple s'offre de l'hérédité du pouvoir, et c'est un cas d'hérédité collatérale, sous la dynastie légitime.

Pour durer plus qu'une présidence de République, il faut donc que l'Empire usurpe, qu'il tourne au despotisme et, dès lors, il se condamne à périr par la force.

***

Après le manifeste écrit a éclaté le manifeste oratoire du néo-bonapartiste.

A M. Raoul Duval est échue la mission de lancer un discours-programme, repris en chœur et accompagné à grand orchestre par toute la presse impériale (1).

Si M. Duval a longtemps cherché sa voie, on doit penser que, depuis quelques mois, ses sentiments se sont fixés. S'il n'est pas un jeune homme, il est un homme jeune, et son tempérament, plus que son âge, lui donne l'ardeur d'un néophyte. Aussi, s'est-on empressé de lui faire place, comme *leader* des générations nouvelles, à la gauche de M. Rouher. L'inventeur et le héros de l'Empire libéral n'a-t-il pas disparu, depuis cinq ans, de la scène politique? Pour rendre du

(1) Discours prononcé par M. Raoul Duval, dans une réunion privée à Ménilmontant, le 8 mai 1875, et publié *in extenso* dans *l'Ordre* du 11 mai.

poids au personnage de cœur léger, il faudrait plus qu'un miracle.

Voilà donc M. Duval honoré de l'héritage de M. E. Ollivier, et déployant le drapeau du libéralisme césarien. Mais quel embarras pour montrer seulement ce drapeau ! M. Duval n'a guère trouvé qu'une liberté nette à y inscrire, et c'est celle du commerce, que personne n'attaque. Aussi conseille-t-il de l'imposer par mandat impératif.

Ses plus chaleureux éloges ont été pour la méthode plébiscitaire, et ses dédains les plus flétrissants contre les institutions républicaines ; et ce n'est qu'après avoir ainsi donné des gages d'orthodoxie bonapartiste qu'il a lâché, dans une phrase, tout son libéralisme :

« Il faut que le parti de l'Empire comprenne bien que le temps des vieilles rancunes et des haines d'autrefois est passé ; qu'il lui faut adopter une formule et une ligne politique qui permettent à tout le monde de venir à lui sans s'humilier, sans signer en quelque sorte le renoncement à ses idées de gouvernement, à ses aspirations vers la liberté. Il ne faut pas que le rétablissement de l'Empire puisse être présenté comme le point de départ de représailles et de proscriptions. »

Hélas ! si bref, si timide, si vague qu'il fût, ce vœu n'a guère été goûté de l'auditoire bonapartiste et choisi, qui couvrait d'acclamations chaque outrage au régime et aux partisans de la liberté.

Le libéralisme napoléonien, genre Raoul Duval, s'est évanoui sans avoir pris corps. Le césarisme progressiste n'a pu découvrir un progrès à nous offrir. Le programme de l'avenir est encore resté vide, et la formule du troisième empire introuvable.

*
* *

Certes, les impérialistes étant groupés autour d'une même dynastie et n'ayant tous actuellement qu'un but, — le renversement de la République, — ils pourraient paraître unis sans l'être réellement. Mais leurs efforts mêmes pour sauver cette apparence trahissent la réalité, c'est-à-dire leur état d'incertitude, de division, de désorganisation.

Les anciens chefs de l'Empire qui veulent rester chefs de l'Empire éventuel, sous la présidence du Vice-Empereur, s'épuisent à contenir, à ramener sans cesse les partisans dont ils craignent la défection ou l'indépendance, l'impatience ou l'indécision. *L'Ordre*, qui est leur journal officiel, n'avouait-il pas qu'il faut laisser aux troupes « leurs guidons différents » pour les mener « au même combat? »

Entre les personnages et les groupes divers, il existe, paraît-il, « des malentendus. » Que serait-ce si l'on s'expliquait? Et si l'on venait à triompher, par hasard, quels déchirements! Tous ne prétendraient-ils pas à dominer le jeune empereur, leur créature?

Déjà pour n'être pas abandonné ou débordé, le Vice-Empereur est contraint d'opérer avec ses troupes, comme tel démocrate qu'il raillait tant naguère : étant leur chef, il les suit. Et c'est ainsi que certaines velléités d'opposition s'étant manifestées chez quelques jeunes, il a risqué une évolution décisive.

Troisième tentative pour tracer le fameux plan de l'avenir !

« *Si l'Empire revenait*, » tel est le titre de la brochure-programme publiée par le directeur de l'*Ordre* (1). M. Albert Duruy avait

(1) Chez Dentu, à Paris, par M. Dugué de la Fauconnerie, ancien député.

écrit « comment les Empires reviennent. » Le retour de la dynastie ne serait-il plus, pour ses fidèles, qu'une simple hypothèse ?

Le programme de la rue de l'Elysée nous apprend que l'édifice impérial doit être « un temple vaste comme la place de la Concorde et qui en porterait le nom. » Aussi la *Liberté* attendrie demande-t-elle que les princes d'Orléans eux-mêmes restent libres et riches en France, sous le règne de Napoléon IV. Le *Pays*, d'un ton caressant, proteste que la douceur de l'Empire serait inaltérable. Qu'on le laisse seulement se rétablir ! Quant au *Gaulois*, il exprime l'espoir que « la scission qui pouvait se produire dans le parti bonapartiste sera heureusement conjurée sur le terrain de l'Empire progressiste » (1). Sans doute, il ne peut dissimuler l'étonnement où le jettent ces douceurs inattendues. Mais pourquoi s'étonner !

Napoléon Ier et Napoléon III ne prêchaient-ils pas la paix et le désintéressement à la veille et au lendemain de leurs coups ? Oublie-t-on la bonté, la générosité, la sensibilité que les amis de Louis Bonaparte ont reconnue

(1) Voir citations diverses, reproduites dans l'*Ordre* du 31 mai 1875.

tous en lui ? Qu'il ait fait, comme on a dit, le Deux-Décembre par dévouement, les proscriptions par devoir, le despotisme par philanthropie, la guerre par patriotisme, la capitulation de Sedan par charité, — n'est-ce pas consolant pour le passé et rassurant pour l'avenir ?

Mais le préjugé public est invincible ; et lorsque les impérialistes parlent de conciliation et de modération, on se demande : quel coup méditent-ils ? quel complot cachent-ils ?

Que MM. Rouher et consorts nous informent donc qu'ils s'épargneront, s'il est possible, un coup d'Etat (celui du Deux-Décembre ayant été « une gêne ») ; qu'ils offrent l'amnistie aux partisans de la liberté et de la légalité, comme aux meneurs de l'insurrection et aux condamnés de tout ordre ; qu'ils se proposent d'incorporer tous les partis dans l'Empire, — c'est vraiment trop de grâce.

Qu'ayant contre eux la force, ils consentent à n'en point abuser sur l'heure ; qu'ils pardonnent provisoirement à la nation le mal qu'ils lui ont fait, c'est trop de générosité. Qu'ayant reconnu que « leur personnel s'use et s'épuise par l'effet naturel du temps, » ils cherchent à grossir leurs rangs en promettant, aux frais du budget, des places et des libéralités, — est-ce là l'Empire libéral ?

Que trouvons-nous, d'ailleurs, en ce programme, sinon la glorification de la tradition des deux Empires, qui s'imposerait au troisième ?

— « Un gouvernement qui abandonne sa tradition succombe en raison des appuis qu'il perd. Il faut d'abord accepter l'héritage, puis tâcher de l'améliorer et de l'étendre. Et si cela est vrai, de toutes les traditions, il nous semble que c'est encore plus vrai de la tradition napoléonienne, et que celle-là surtout on ne peut ni ne doit la renier, car elle se résume en trois mots : l'autorité, la gloire et la démocratie. »

Autorité, gloire, démocratie. — Traduisez : dictature, invasion, luttes sociales. Et si vous êtes curieux du jugement porté sur l'Empire à venir, sur l'Empire progressiste, par l'homme qui rêvait naguère de le fonder ; écoutez cette réponse de M. de Girardin au manifeste de la Fauconnerie-Rouher :

« Comment pouvez-vous supposer qu'il soit possible de fonder un Empire durable, un Empire moins précaire que celui de

1852? Il a suffi d'un souffle pour le faire tomber.

« L'Empire ne reviendra pas, parce qu'il est impossible qu'il revienne. Comment reviendrait-il ? Par l'appel au peuple ? Mais quelle est l'Assemblée qui le voterait, et pourquoi le voterait-elle ? Pour remplacer le gouvernement républicain qui a libéré notre territoire, par le gouvernement impérial, qui nous a livrés trois fois à l'invasion étrangère, qui a moissonné des millions d'hommes, qui nous a coûté la seconde fois la rive gauche du Rhin et un milliard d'indemnité de guerre, la troisième fois, la perte de l'Alsace, la perte de la Lorraine et cinq milliards de rançon ?

« Est-ce admissible ?

« L'avoir livré à des désastres sous lesquels il a failli périr, c'est là ce que vous appelez sauver un pays ? Le sauver, oui ! comme en 1863 vous avez sauvé la Pologne.... qui a cessé d'exister (1). »

*
* *

Plus d'équivoque !

Que signifierait la dynastie napoléonienne,

(1) Voir la *France* du 4 juin 1875.

si les Napoléons étaient une fois reniés ? Que signifierait l'Empire déguisé en monarchie parlementaire et la candidature du prince impérial à la royauté constitutionnelle ? Ce régime, n'a-t-il pas ses prétendants et ses titulaires ? La noblesse et l'honneur, le courage des hommes et la vertu des femmes sont-ils moindres chez les d'Orléans que chez les Bonapartes ? S'il faut un roi, même en temps du suffrage universel, est-ce à la famille, à l'école des dictateurs qu'il faut le demander ?

Oui, les dynasties ont leurs traditions, qui sont leur raison d'être et qui font leur force, en attendant qu'elles causent leur perte. C'est la tradition qui fait de Henri V le vrai roi, et qui en même temps rend son règne impossible. C'est la tradition de Napoléon Ier qui a conduit Napoléon III au trône, puis à Sedan ; c'est la tradition de Napoléon III que suivra Napoléon IV s'il vise au pouvoir.

Pour l'élite, qui étudie les lois de l'histoire, comme pour la masse, qui fait les légendes, le mot d'Empire comme le nom de Napoléon a un sens et n'en a qu'un.

Sint ut sunt aut non sint.

Enfin, de quel droit les agents de l'Empire détermineraient-ils aujourd'hui ce qu'il sera, s'il doit encore être ? Loin de pouvoir le dire, nul d'entre eux ne doit le savoir. Car l'Empire, c'est l'empereur; il est tout en lui, et n'est rien que par lui. Le régime serait ce que serait l'homme; et cet homme n'est qu'un enfant, qui s'ignore lui-même.

Napoléon IV cherchera sa route; mais pour la trouver il faut qu'il ne s'en ferme aucune. Clérical ou libéral, socialiste ou économiste, autocrate ou démocrate, tribun du peuple ou dauphin de France, les événements détermineront seuls ce qu'il devait être ou ne pas être. Il ne peut ni satisfaire, ni repousser personne; il est contraint de ménager toutes les forces, de tâter toutes les chances, de jouer tous les jeux.

L'indice et le gage unique de la mission, c'est le succès. Jusqu'au succès, les impérialistes erreront dans la politique comme les Israélites dans le désert, à la recherche de la Terre promise. Tous les empires possibles auront leurs fidèles.

Le salut serait que le prétendant trouvât, comme Moïse, la voie providentielle, qu'il devînt par miracle un phare de l'humanité.

Son père, qui n'était pas un rêveur vulgaire, a cherché vingt ans son étoile. Et pourtant, comme on disait alors, il marchait dans le sillon de la gloire ; il venait après l'épopée de l'Empire et le martyre de Sainte-Hélène. Il n'en a pas moins passé par la caserne de Strasbourg, le bassin de Boulogne, la prison de Ham et le boulevard Montmartre, à travers mille dangers et quelques ruisseaux de sang, avant d'arriver aux Tuileries.

A peine eût-il assez d'autorité pour tenir, sous sa main, jusqu'à sa mort, ses amis, ses parents mêmes. Il n'avait pas fermé les yeux, que déjà les divergences, les rivalités éclataient, et c'est à peine si le vice-empereur a pu garder jusqu'ici à la mêlée d'hommes qui se disent impérialistes quelque apparence de cohésion. Chacun joue, pour son compte, à l'empereur, et, comme disait M. Amigues, l'Empire se morcelle entre les lieutenants d'Alexandre. Que sera-ce lorsque l'espoir du succès s'éloignera, lorsque l'amour du butin sera trompé ?

Le prince impérial a dix-neuf ans.

Après les désastres auxquels il a été mêlé, après la ruine publique causée par une guerre entreprise pour assurer son héritage, en face d'un gouvernement légal et définitif, que dira-t-il ? Car il faudra qu'il parle. Qu'écrira-t-il ? Car il faudra qu'il écrive. Que fera-t-il ? Car il faudra qu'il agisse.

Saura-t-il se défendre des illusions et des flatteries qui suivent un prince jusque dans le malheur ? Ecolier d'hier, élevé comme un prince, c'est-à-dire avec le mépris des hommes et l'ignorance de la nation, saura-t-il comprendre le mouvement qui, depuis un siècle, emporte la société française ? Entouré d'amis qui se haïssent et de conseillers qui se démentent, quel guide suivra-t-il ?

Son âge, son inexpérience, son exil ne seront-ils pas exploités contre lui par des rivaux plus implacables que des ennemis ? N'est-ce pas en sa famille que lui sera d'abord contesté son héritage ? La dynastie n'a-t-elle pas sa branche cadette. Les Napoléon n'ont-ils pas leurs d'Orléans ?

Un nouveau prétendant chemine, s'avance et dit : « S'il ne faut qu'un plébiscite, pourquoi ne l'aurais-je pas ? Ne suis-je pas un Napoléon, et plus Napoléon que d'autres ? » — Et la bataille s'engage, acharnée, divisant les débris du parti. Car le parti est condamné à chercher l'homme providentiel, en qui l'Empire pourra s'incarner, comme les Egyptiens, à la mort d'un Apis, cherchaient où loger le Dieu.

Où donc est l'homme ?

Si le droit c'est la force, si la légitimité c'est le fait qui dure, si l'Empire c'est l'Empereur tel qu'il gouverne, pourquoi un Napoléon, un Corse, un Français quelconque, ne s'arrogerait-il pas, aussi bien que Napoléon IV, la mission césarienne ?

Ainsi, l'Empire croule par la base et la dynastie est ruinée par ses principes.

Conclusion.

Un dernier mot.

Supposons un miracle : un empereur surgit; un vrai Napoléon triomphe. Que serait sous lui l'Empire, et que serait la nation ?

Le plus grossier bon sens nous le crie : L'Empire, ce serait la guerre au dehors, la crise sociale au dedans.

Qu'est-ce que des Césars battus et des Napoléons qui capitulent ? Il faut laver leur honneur. Les chassepots partiraient d'eux-mêmes ; et si l'on tardait, si l'on voulait préparer la revanche à loisir, pense-t-on que l'ennemi attendrait notre heure ? Le premier Empire a fait rogner la France, le second l'a fait démembrer. Que ferait le troisième ?

A l'intérieur, la politique de division, la politique sociale soutiendrait seule l'Empire, et le passé nous révèle ce que serait l'avenir.

Feuilletez l'enquête sur l'insurrection du 18 mars, parcourez les dépositions de MM. Denormandie, Mettetal, général Trochu, Jules

Favre, Cresson, Ernest Picard, Choppin, Leblond, Héligon, Tolain, Fribourg, Testut, Ansart, Marseille, Claude, Nusse, Macé, de bien d'autres encore. Voyez comme ils signalent la démoralisation publique, l'abaissement des hautes classes, la corruption des classes inférieures, le goût du luxe et la soif du plaisir donnés aux travailleurs ; l'effort pour exciter les ouvriers et les paysans contre les patrons et les propriétaires, pour relever le spectre rouge, pour écraser l'opposition légale et libérale en exaltant les appétits et les instincts violents ! L'Empire est condamné par ceux-mêmes qui l'ont servi, par les agents de sa politique.

Un mot, une prédiction de Berryer, en septembre 1866, résume tout :

« Le gouvernement, par son principe, par les conditions nécessaires de son existence plus ou moins précaire, est le plus dangereux propagateur du mal ! Ses apparentes prospérités matérielles ne tarderont guère à disparaître, et ne laisseront, aux yeux de tous, que les ruines de tous les intérêts respectables. »

Et s'il vous faut l'avis d'un jeune qui croit à l'Empire futur, écoutez :

« La corruption fut toute de l'Empire ; elle a prospéré par le fait de l'Empire ; elle a disparu avec l'Empire, et elle renaîtra avec lui. L'Empire, c'est le temps où on a rallié tout ce qui est drôle, c'est-à-dire tout ce qui existe ; une de ces époques où l'homme cesse de se prendre au sérieux. Que notre maître futur remette en honneur la corruption impériale (1). »

Car sachez que le génie de la France, l'objet de son commerce, c'est le plaisir, et non pas le plaisir « honnête et permis, » mais le plaisir « provoquant, grivois, lascif, déshonnête. » L'Empire a été un « carnaval ; » Paris « une ville publique ; » — on pourrait prononcer : fille publique.

— Pourquoi donc reprochait-on aux Prussiens d'annoncer, après Sedan, qu'ils entreraient dans Paris comme dans un mauvais lieu ?

Et quel rôle attribuer, quel nom donner aux maîtres de ce lieu sous l'Empire?

Ne vous récriez pas ; sondez la plaie, cher-

(1) Essai sur la dictature, par M. G. Lachaud.

chez la loi de ces phénomènes morbides ; car il en est une, à savoir qu'en partant de l'instinct de la force brutale, on tombe à la passion de la jouissance brutale. Force et jouissance, voilà, sous ses deux faces, l'idée césarienne, le dehors et le dedans du despotisme !

Peuple, esclave souverain, monstre à mille ventres et à mille têtes, puisqu'on ne peut te décapiter et t'éventrer d'un seul coup, comme rêvait l'artiste Néron, règne donc et obéis, rampe et jouis ! Tu es devant ton maître, comme l'animal devant le dompteur, jusqu'à ce que l'un tue l'autre. Qui parle de liberté ? Le dictateur même n'est pas libre, puisqu'il est maître.

Le communisme aussi prêche l'assouvissement et l'asservissement ; il vise à la liquidation sociale. L'Empire menait, par ses doctrines et ses mœurs, à la dissolution sociale.

Les étrangers ont cru que la société française tombait en décomposition, car il ne connaissait pas le Paris, la France qui travaille et qui pense ; c'est avec surprise qu'ils ont vu cette vitalité nouvelle, cette sève qui a semblé jaillir d'un tronc pourri.

La force morale ! tel fut, après le 4 Septembre, le mot du général Trochu ; tel a été le cri du pays tenu vingt ans sous la force brutale par l'empire, écrasé par la force brutale de la guerre, lorsqu'il résolut de sauver au moins son honneur par une défense désespérée.

Quel est le secret de la force morale ? la liberté.

« La société aspire au mardi-gras révolutionnaire, » disait Proudhon, avant l'Empire. Le temps du carnaval est passé. La France n'a plus de folie, plus de faute à commettre. Plus de romans de hasard, plus de drames sanglants, plus de comédies lugubres ! Réveillée, par la souffrance, à la réalité, elle n'erre plus à l'aventure, comme disait d'elle Louis Bonaparte avant son coup d'Etat ; elle a son but, elle y marche.

Elle a son existence à soutenir et à préserver, les fonctions et les organes de sa vie publique à reconstituer, sa place à reprendre parmi les nations, et de grandes idées à représenter comme autrefois.

Elle ne demandera son salut, l'estime d'elle-même et des autres peuples, la fin de ses malheurs et la prospérité même, qu'aux vertus sérieuses, au travail, à la sagesse, à la dignité morale, à l'ordre légal, à la libre conscience de ses devoirs et de ses droits.

Est-ce là ce que lui donnerait l'Empire ?

FIN.

TABLE.

PAGES.

www.ingramcontent.com/pod-product-compliance
Lightning Source LLC
LaVergne TN
LVHW020341230826
846091LV00003B/948

* 9 7 8 2 0 1 3 3 4 8 1 7 1 *